안심하고 절망하기

이외현 시인은 전남 진도에서 출생했다. 2012년 계간 ≪리토피아≫로 등단했으며, 계간 ≪아라문학≫ 편집장을 맡고 있다. 〈막비시〉 동인이다.

이메일 hm8822@nate.com

리토피아포에지 · 32
안심하고 절망하기

인쇄 2015. 7. 5 발행 2015. 7. 10
지은이 이외현 펴낸이 정기옥
펴낸곳 리토피아
출판등록 2006. 6. 15. 제2006-12호
주소 402-814 인천 남구 경인로 77(숭의3동 120-1)
전화 032-883-5356 전송032-891-5356
홈페이지 www.litopia21.com 전자우편 litopia@hanmail.net

ISBN-978-89-6412-050-7 03810

값 10,000원

이 도서의 국립중앙도서관 출판예정도서목록(CIP)은 서지정보유통지원시스템 홈페이지(http://seoji.nl.go.kr)와 국가자료공동목록시스템(http://www.nl.go.kr/kolisnet)에서 이용하실 수 있습니다.(CIP제어번호: CIP2015017514)

* 본 시집은 인천문화재단과 한국문화예술위원회 지역협력형사업으로 선정되어 발간하였습니다.

이외현 시집

안심하고 절망하기

리토피아
LITERATURE & UTOPIA

시인의 말

겨드랑이 밑에서 바람이 인다.
바람을 낚아 봉지에 담는다.
데굴데굴 도움닫기 한다.
힘차게 날아오른다.
가시에 걸린다.
바람이 샌다.

아직, 뭐라 말할 수 없지만
네가 있어 절망도 안심이다.

2015년 여름
이외현

제3부 빨래, 발레

제4부 전라도 묵은지

| 제1부 |

누리장나무

달, 실연하다

오밤중, 탱자 울타리 넘어 꽃 따러 갔지.
꽃, 따기도 전에 가시에 찔려 아팠지.
해가 없는 밤이면 꽃은 잠을 자지.
달은 오므린 꽃잎에게 속삭였지.
열어 봐
제발, 좀 열어 봐.
꽃은 못 들은 체 고요하기만 하지.
서성이던 달은 눈이 퉁퉁 붓도록 울지.
꽃이 뿌옇게 보일 때까지 혼자 울지.
별들이 슬픈 달을 감싸며 위로하지.
해를 향해 꽃잎 열어 활짝 웃는 꽃 바라보며
넋잃은 구름 속에서 또 숨죽여 울지.
칠흑의 밤, 달은 흐린 빛을 내려놓고
산꼭대기에서 꺽, 꺽, 목 놓아 울지.
천 년 동안, 폭포 같이 울었지.

시를 쓰는 일

해바라기도 지고
달맞이꽃도 지고
별똥별마저도 떨어지고 나면
나는 아버지에게로 간다.
아버지, 눈에 가득 일렁이는
해와 달을 품고 나를
따뜻한 등 내밀어 업어주신다.
나 아버지 등에서 중얼중얼
시를 쓴다.

정동진에 가면 있다, 없다

빌딩숲이 기차를 타고 정동진에 간다.
철커덕철커덕 철길을 따라 일출을 보러 간다.
도시의 달은 알코올에 취해 초점을 잃었다.
스멀스멀 밤안개 홑이불 덮어 기침하는 달을 가린다.

새벽의 정동진역, 메뉴판의 안주 같은 사람들이 몰려나온다.
그 사이에 해변의 달은 몰래 서울행 기차에 오른다.
떠나간 달 대신 촉촉한 이슬에 바다는 소주가 된다.
메뉴판의 글자들이 첨벙첨벙 바다에 뛰어든다.

새벽기차는 철길이 없는 바다로 길을 낸다.
안주가 이슬을 마신다. 이슬이 안주를 먹는다.
기차와 이슬과 안주가 서로를 먹고 마신다.
파도가 갈지자로 출렁이며 모래 위를 뒹군다.

부침개가 먹고 싶은 날, 기차를 타고 정동진에 가면
바다가 보이는 갈매기횟집 통유리창 너머로
프라이팬에 쟁반같이 둥근 해를 부쳐내는
아주머니가 있다. 없다.

가을, 넋두리

갈
가을
가아을
가아아을

잎이 간다 하여 갈잎
빨리 가라고 가랑잎
오갈 데 없어 갈대
가을 남자
갈 남자
갈 놈

잘 가라
자아알
자알
잘

누리장나무 · 1

호젓한 숲길 오르막에서
붉은 립스틱을 덧칠하고
온갖 수벌들을 홀리며
끝끝내 돌아보게 하는 너는

누리장나무 · 2

붉은 화관을 둘러쓴 새색시의 자태로
산중턱에 갸우뚱 기대 선 누리장나무
엄마는 구수한 콩고물 냄새라고 반기고
아이는 누린내가 난다고 손사래 치네.

갯벌 엄마

수평선을 향해 하얀 눈물 뿌리며 달아난 바다
알몸인 갯벌에게 햇볕의 동냥젖을 먹인다.
수평선 끝에서 설운 듯 게우고 부서지다가
이내 달려와 토닥토닥 졸린 갯벌을 재운다.

비처럼 스미다

몸으로 스미지 못한 빗방울이 머리카락에 스민다.
머리카락의 유전자에는 과거로의 비밀지도가 있다.
비의 가락이 투영하는 수직 거울 속에 그가 있다.
슬리퍼와 샌들이 빗방울을 찰박이며 서로를 스친다.
훌쩍훌쩍 내리는 빗물은 황토벽에 염증으로 스미고
벽에 스미지 못한 빗방울이 머물지 못하고 굴러간다.
덜렁이는 밑창으로 스며든 빗방울에 부풀은
발가락이 증발하며 빗방울 연어 떼, 구름에 스민다.

와디*

현기증이 확확 피어오르는 아스팔트 위에 도마뱀이 혀를 빼문다. 아내 손수건이 쉰 내나는 목덜미를 닦는다. 성깔 있는 남편이 피우던 담뱃대를 내던진다. 술래잡기 하던 아이가 아버지 재떨이를 엎는다. 담뱃재가 날려 마른기침 하는 아버지 화약고에 성냥을 긋는다. 천둥 매단 번개가 불붙은 꽁지 자르며 마른 골짜기에 수직으로 곤두박질친다.

* 건조지역에서, 평소에는 마른 골짜기이다가 큰비가 내리면 홍수가 되어 물이 흐르는 강.

왕벚나무

4월의 초록엽서를 받고 숲길에 들어서면
왕꽃 선녀가 나무에서 하강을 하는데요.
그 선녀가 어깨를 가볍게 두드리는데요.
에구구, 만지려니 바람이 먼저 보쌈 하네요.

5월의 제비꽃 길을 그와 함께 걸으면
버찌가 빨갛게 익기 시작하는데요.
그 대신 버찌에 입술을 포개려 하는데요.
에구구, 까치가 먼저 입술을 내어 미네요.

6월의 강아지풀 꼬리치는 길을 따라 거닐면
왕벚나무가 그 자리에 그대로 서 있는데요.
가지에 걸어둔 선녀의 날개옷이 없어졌는데요.
에구구, 쭈글쭈글한 할미만 남아 대롱거리네요.

바람의 노크

바람이 들릴 듯 말 듯 조용히 문을 두드린다.
바람난 무 다리에게 긴히 할 말이 있단다.
지난 밤, 나는 네가 한 짓을 알고 있다.
살며시 열린 문틈으로 지긋이 눈짓한다.

명자, 명자꽃

쥐똥나무 울타리 밑에 명자가 숨죽이고 서 있네.
개불알풀 고개 들어 노을빛 명자와 눈을 맞추네.
더부살이 골방처녀 늘어진 어깨가 속울음 우네.
명자 눈물방울이 개불알풀 초록 심장을 뒤흔드네.
개불알풀 괴발개발 쓴 연서, 명자 붉게 꽃물 드네.

배롱나무 꽃잎 지다

후미진 역전 골목에 연분홍 배롱나무 꽃이 피어 있다.
정오의 태양이 보내온 자외선 피톨에 탱탱해진 사내들
핫팬츠에 착 달라붙은 연분홍 나시 입은 배롱나무를
바라보는 시선이 거시기를 데인 듯 따갑다.
다가가서 오빠야, 팔짱을 끼자 화들짝, 감은 손을
벌레처럼 떼어내고 생각을 털어 골목으로 사라진다.
사내의 뒤통수에 대고 큼지막한 감자 한 방 먹이고
너 씨 없는 수박이지. 에이, 개나 줘라.
메롱, 혓바닥을 내밀며 흘깃 눈치를 살핀다.
태풍이 지나간 후, 뭇 사내들만 보면
베롱배롱 혀 내밀던 연분홍 꽃이 지고 없다.

토끼 사냥

토끼는 비탈에서 놀고 나는 집으로 가네.
하루 종일 토끼 꼬리 졸졸 쫓아 다녔네.
잡았다가 놓치고, 놓쳤다가 다시 잡고

토끼가 강시 되어 깡충깡충 달려드네.
달아나네. 달아나다가 다시 뒤돌아서네.
아! 토끼 잡았네.
아! 토끼 놓쳤네.

펑퍼짐한 노을 한 짐 지고 산비탈을 내려오는데
터덜터덜 돌멩이를 차면서 집으로 돌아오는데
종일 뱅뱅 약 올리던 토끼꼬리가 바로 뒤에 있네.
어느새 엉덩짝에 달라붙어 꼬리 살랑살랑 흔드네.

그를 훔치다

너무 꼬리가 길었어.
이번에는 가중처벌이야.
마지막 한 번으로 멈추려 했는데
눈보다 빠른 손이 그만 정신을 놓은 거야.

CCTV가 근육을 따라가는 순간이었어.
처음 손의 생각은 그렇지 않았거든.
조용히 살펴만 보고 돌려줄 생각이었어.
그냥 어떤 물건인가 확인만 하려고 했거든.

(거짓말이야. 애초부터 돌려줄 생각은 없었어.)

누가 자기 것이라고 이름 써놓은 것도 아니고
아무리 명품이라도 중고는 중고일 뿐이야.
가볍게 만져보고 그 마누라에게 넘길 걸.
에구구, 주물럭거리다가 딱 걸렸네.

달국 별밥

갯벌에서 조개를 데려와 모래를 토할 때까지 간지럼을 태우네. 저수지의 초승달을 건져내어 쌀뜨물로 달국을 끓이네. 한소끔 끓으면 조개를 넣고 바다안개로 국간을 하여 갈대고명을 얹는다네.

명사십리 바닷가의 참깨별을 건져 샛별과 은하수로 잡곡밥을 하네. 무쇠 솥뚜껑이 게거품을 물면 아궁이 불을 줄여 물안개 뜸을 들이네. 며느리밥풀로 아기 죽을 끓이고, 명아주나물 무쳐 접시꽃에 담는다네.

해넘이를 데려와 석쇠에 굽고 달국, 별밥으로 상상의 저녁밥을 먹는다네. 굶주린 산짐승이 사냥에 나선 시간, 드러누운 뱃가죽에 연못이 패이면 밤참으로, 감히 태양의 간을 꺼내먹어 붉어진 홍시로 시린 배를 채운다네.

구름 도화지

허공을 바라보며 흐르는 구름 도화지에 이름을 쓴다.
아무개야, 하고 쉼표를 찍자 손가락 끝에 물기가 돈다.
이번에는 담배연기를 말아서 구름과자 편지를 쓴다.
입을 오므렸다 폈다 하며 어렵게 모음, 자음을 말아본다.
말로 다하지 못한 이야기를 뭉게뭉게 피워낸다.
선명한 사연이 하늘을 날다가 꼬리가 풀어져 날아간다.
어느 별에 있니, 한참 있다가 손가락이 마침표를 찍는다.
편지를 읽은 수평선이 짜디짠 바닷물을 철썩철썩 흘린다.

부영공원을 돌며

매미들이 도열하여 크레센토*로 써어썰썰 배꼽 인사한다. 바람개비 돌리는 아프리카봉선화를 열 발짝쯤 지나 해바라기 밭에 이르면 써얼 왁, 써얼 왁, 말매미와 맹꽁이의 현악 이중주가 들린다. 시멘트 바닥을 튕기고, 음표 위를 뒹굴며, 중간 마디에 쪼로롱 쫑, 쏙쏙쏙 새들의 합창이 오선지 위를 난다. 빨간 고추잠자리가 강아지풀과 개망초 사이를 스타카토*로 건넌다. 캉캉춤을 춘다. 토끼풀 손에 이끌려 잔디구장 뒤편으로 돌아 나올 때, 야구장에서부터 쫓아온 말벌이 다가와 위이잉 물수제비를 뜬다. 불화살 쏘아 땀에 젖은 몸의 포로를 자빠트린다. 미군부대 담장을 넘던 며느리밑씻개, 가시 박힌 꽃대가 레가토*로 갸우뚱 기운다.

* 크레센토: 점점 빠르게.
* 스타카토: 짧게 끊어서.
* 레가토: 끊지 않고 부드럽게. 스타카토의 상대어.

| 제2부 |

사이코시스

사이코시스 · 1

—꽃분이

그녀 이름은 꽃분이구요, 그 놈 이름은 돌쇠랍니다.
그 놈은 거나하면 꽃분이에게 꽃을 그려주곤 하였지요.

그제는 눈두덩에 남보랏빛 나팔꽃을 그렸구요.
어제는 목줄기를 감고 분홍빛 메꽃을 그렸답니다.
오늘은 머리채를 흔들며 샛노란 별꽃을 그리구요.
내일은 그녀의 가슴팍에 매운 고추꽃을 그리겠지요.

어릴 적,
술 주전자는 어머니에게 몽롱한 안개꽃을 안겼습니다.
감자 꽃은 성난 삽날을 피해 왼쪽으로 고개를 돌렸구요.

손 없는 날, 일은 없고 손만 있는 놈이
뾰족한 붓으로 검붉은 해당화를 그렸습니다.
백 만송이 꽃이 욕실에 흐드러지게 피어있는
이를 테면, 천지가 사루비아 꽃밭 같은.

사이코시스 · 2

—형상기억합금

아침에 부스스 파놓은 이불 동굴로 기어들어요.
누워서 전기장판의 죽은 심지를 빨갛게 살려내요.

참 따뜻하고 편안해요.
이불이 내 몸을 기억해요.

개미가 심장을 깨물어 가끔 기억이 깨져요.
개미를 손가락으로 튕겨 책상 밑으로 보내요.

다시 따뜻하고 편안해요.
고맙게도 이불이 날 기억해요.

기억의 먼지가 캡슐이 되어 우주로 날아가요.
캡슐이 궤도에 오르지 못하고 미아가 되어요.

하암, 따뜻하고 졸려요.
여전히 이불이 날 기억해요.
〉

우주에서 튕긴 캡슐이 점점 추락하고 있어요.
태평양 근처에서 먼지 팝콘이 팡팡 터져요.

불꽃놀이가 시작 되었나 봐요.
이불솜이 구름 위로 슝슝 날아올라요.

구름 위에 개미가 내려다봐요.
개미가 새를 따라 날아요.

눈꺼풀이 구름 위로 올라가요.
따뜻한 솜털구름이 아직도 나를 기억해요.

사이코시스 · 3
—몽유하다

참새 떼가 전봇대에서 돈돈쓰쓰 모스부호로 전보를 친다.
어둠이 내리자 타전을 멈추고 위태로운 몽유에 빠져든다.
햇빛 아래 포도송이처럼 늘어졌던 아카시아꽃,
초승달의 품에 안겨 발칙한 몽유를 잉태한다.

해와 달이 몸을 바꾸는 순간, 우주시간으로 아주 잠깐,
지구가 중력을 잃고 갸우뚱 몽유한다.
단잠에 빠진 전깃줄에 참새가 발라당 몽유하고
나무에서 떨어진 까마귀도 얼레리꼴레리 몽유한다.

침대에서 몽유하던 아들이, 문 밖으로 나가 몽유한다.
폐쇄병동 환자의 그림자가 병원을 빠져나와 몽유한다.
잠든 척한 욱욱한 아픔이 파릇파릇 되살아나 몽유한다.
중심에서 맴돌던 생각들이 토네이도 속에서 몽유한다.

참새가 몽유하고, 까마귀가 몽유한다.
모난 지구가 몽유하고, 아들과 사이코가 몽유한다.
덧난 상처가 몽유하고, 어지러운 생각이 몽유한다.

이슬마신 아카시아 꽃잎이 꼴깍꼴깍 몽유한다.

살아있는 날것들의 몽유가 비릿하다.

사이코시스 · 4
—비밀의 방

그가 똬배기 모양의 도로를 통과하여 숲길로 접어든다. 한 번 길을 잘 못 들면 빠져나오지 못하는 미로의 숲, 속의 외딴 집에는 똑같은 네 개 비밀의 방이 있다.

목 없는 유령이 목을 노리며 매일 밤 꿈속을 다녀간다. 유령에게서 벗어나려면 꿈을 꾸지 말자. 꿈을 꾸지 않으려면 잠을 자지 말자. 잠을 자지 않기 위해서, 그 동안 다녀간 꿈의 머리수를 센다. 꿈 하나, 꿈 둘, 꿈 셋, 꿈 아흔아홉…… 에서 미로에 빠진다. 꿈 하나, 꿈 둘, 꿈 셋, 양 넷에서 일찌감치 길을 잃는다. 그는 깨어난 꿈들을 연결된 네 개 비밀의 방에 감금한다. 열쇠를 쥔 충실한 애완견이 앞발로 비밀의 방문을 닫는다. 꿈과 함께 그가 미로에 갇힌다.

그 후로 수백 년이 흘러 밀봉된 비밀이 새어나간다. 전설이 된 비밀의 방을 찾아 헤매던 고고학자들, 저주의 숲에서 담쟁이 넝쿨로 뒤덮인 저택을 발견한다. 네 개 비밀의 방에서는 이상한 웅얼거림이 감지된다. 꿈 하나, 꿈 둘, 꿈 셋, 꿈 넷을 외치며 숨바꼭질을 하는 소리, 꿈 백을 방에 가둘 때까지 술래를 찾아주길 바라는 그가 있다.

사이코시스 · 5
—도플갱어*

푸줏간의 어둠을 허기진 노을이 훑고 가고, 피를 바른 벽은 뒤엉킨 디엔에이로 찐득하다. 가죽 앞치마를 두른 이가 부위별로 머리와 꼬리 앞다리와 뒷다리를 자른다. 트럭이 배달을 나간 동안, 부스러기 살점은 암호를 해독하고 조합한다. 암소의 꼬리가 자라서 송아지가 된다. 돼지의 발톱이 자라서 새끼돼지가 된다. 다시 살아난 송아지가 푸줏간을 빠져나와 제 집으로 돌아간다. 다시 살아난 새끼돼지가 푸줏간을 빠져나와 제 집으로 돌아간다.

튀밥을 섞은 유기농 사료를 먹은 어린 입들
밤새 찐빵처럼 부풀어 푸줏간으로 돌아온다.

* 도플갱어 : 같은 공간과 시간에서 자신과 똑같은 대상(환영)을 보는 현상.(우리말로는 분신, 생령, 분신복제로 해석)

사이코시스 · 6
—프로포폴

불 안에 있으면 불안하다.

불안이 현실 속의 불이 된다.
연기에 질식한 사이렌이 불안하다.
불안을 감지한 코가 비상구를 향한다.
징징거리는 벨소리가 달팽이관을 건드린다.
미끄럼을 타고 심장으로 내려가 쿵쾅쿵쾅 북을 친다.
가을 들녘 벽지에 불씨가 번져 붉은 노을이 진다.
쭈뼛쭈뼛 신경증으로 벼의 낟알이 익어간다.
익은 벼가 고개를 코스모스에 기댄다.
번지는 마스카라에 눈썹이 그을린다.
텅 빈 머리에 불안이 가득하다.
발기한 불안이 고꾸라진다.
불안하지 않으면 불안하다.
다시 불안이 선다.
굳은 두 손을 성글게
벌리며 불안을 안는다.
흰나비가 곱슬머리를 감기며 간지럼을 태운다.

맥 빠진 불안이 불 밖으로 나온다.

재가 된 불안의 무덤에 숯 꽃이 하얗게 핀다.

사이코시스 · 7

—놈모

발설하지 못한 비밀이 남아 뒤가 마렵다. 아랫도리 접고 통시에서 본 밤하늘이 시리다. 모습을 감추었던 개의 눈빛이 문살을 넘는다. 사라진지 정확히 365일이다.

이집트인은 겨울 새벽, 동쪽하늘에 시리우스*가 나타나면 나일강이 범람한다는 것을 알았다. 신이 전해준 태양력의 기원이다.

시리우스는 쌍성이며, 시리우스B는 시리우스A 주변을 맴돈다. 천체망원경으로 본 미국 천문학자 앨번 클라크의 말이다.

시리우스는 하나의 별이 아니라 쌍둥이별이다. 작고 어두운 별이 큰 별 주위를 50년 주기로 돈다. 반만 년 전, 창시자인 놈모로부터 우주의 원리를 전수 받은 아프리카 도곤족의 말이다.

반인반어인 놈모에 대한 뜨거운 논쟁의 결과, 놈모는 외계인이다. 고대문명연구가, 천문학자의 말이다. 놈모는 하나님이다. 개신교 목사, 로마교황의 말이다. 놈모는 놈모다. 철학자, 스님의 말이다. 놈모는 나다. 사이코의 말이다.

* 시리우스: 겨울철 큰개자리를 이루는 별 가운데 하나, 크기는 태양보다 2배 정도 크고, 밝기도 20배 이상 밝다. 나타나는 주기가 2000여개 별 가운데 365일이라는 주기를 가진 별은 시리우스 뿐 이다.

사이코시스 · 8
—타투

뾰족한 바늘에 실어 멜라닌 색소를 진피층까지 깊숙이 삽입한다. 따끔한 바늘 끝이 표피를 찌를 때 오버랩 된 동굴소리가 난다. 왼쪽 심장에 넌 내 꺼야, 를 새기고 옆에 하트를 그린다. 오른쪽 가슴을 쓰다듬으며 마취제를 다시 꼼꼼하게 바른다. 붉은 장미 대신 블랙 & 그레이*로 검은 장미에 명암을 넣는다. 참치처럼 굳어진 몸을 등이 보이게 뒤집는다. 등을 섬세하게 문지른 뒤 인어공주의 이레즈미*를 상상한다. 일그러진 입가에서 새어나오는 신음소리를 파라핀으로 봉인한다. 붉은 머릿결, 푸른 비늘을 한 땀 한 땀 섬세하게 조각한다. 파도의 너울거림은 흰색과 파랑의 혼합으로 처리한다. 엉덩이를 한 대 철썩 때린다. 퍽하고 차갑게 반응한다. 젖무덤 같은 엉덩이에 붉은 장미를 새기고 깊게 입맞춤한다. 넌, 영원히 내 꺼야. 지독한 년 같으니라구.

마취가 풀리자 백열등의 스펙트럼 안으로 비취빛 섬광이 꿈틀댄다. 침대 그물에 포박된 검푸른 인어의 비늘이.

* 블랙&그레이 : 검은색을 이용하여 명암을 새겨 넣는 문신.
* 이레즈미 : 동양적 소재를 화려한 칼라로 거대하게 새겨넣는 문신. 일명 야쿠자문신이라고 함(예: 용, 잉어, 꽃 등)

가을산

서둘러 오는 아침 햇살이 떡갈나무 숲에 닿는 순간
어둠 빗장 채운 가지에서 까치발 세워 마중하는 까치
졸린 버스는 굼실굼실 누에처럼 사람들을 내뱉고 있네.

투명한 살얼음이 단풍 따라 늘어선 골짜기는
오색 단풍보다 더 붉은 사람들로 가득하고
구부능선은 굽은 등 돌려 낭창한 단풍 안아주네.

맛깔난 오색단풍 반찬으로 화려한 눈보시 하고
공양간 마당에 실뱀처럼 풀어져 입보시 기다리는 행렬
그 사이, 먹구름이 몰려와 금세 안색이 변하는 가을산

뭉그러진 얼굴에 무겁게 떨어지는 소낙비 맞으며
입술이 파리해진 돌부처를 억세게 끌어 안아주는
채찍비에 살점이 찢길수록 가을산은 더 붉어지네.

알츠하이머 · 1

텅 빈 논 허수아비 위로 싸락싸락 눈이 내렸단다. 아궁이에 묻어 둔 군고구마가 생각나는 날이었지. 허수아비 발목까지 싸락눈은 쌀알쌀알 쌓이고, 부러진 팔은 고드름을 매단 채 단단해져 갔지. 아궁이에는 재투성이 노란 고구마가 뒹굴고 있었어. 가마솥에는 소에게 줄 여물이 부글부글 끓고 있었지. 갈라져 터진 껍질 속에 샛노란 호박이 숨어 있어. 모락모락 김이 나는 쇠죽은 여물통이 제 격이야 .

누군가 기억을 훔쳐 달아나려고 해.(막아야 해)
쓰레기통에 버려졌어.(잘라낸 기억이)
배시시, 웃음이 나.

생쥐가 요리사의 머리채를 쥐고 마녀의 음식을 만들어. 개미가 하얗게 쓴 글을 시인이 까맣게 베끼고 있군. 의사는 주방기구로 번개에 감전된 뇌를 열고 있어. 주방에서는 자르고, 뚫고, 깁고, 수술하느라 분주해. 껍질이 벗겨진 알맹이에 듬성듬성 실밥들이 보여. 알전구에 수술용 모자를 쓴 동공 풀린 사내도 보여.

〉

따뜻한 아랫목이 생각나는 여름밤이었지.

시원한 죽부인이 생각나는 겨울밤이었나.

알츠하이머 · 2

금순아 어딨냐, 니가 너무 배를 곯아서 배가 자주 아픈가벼. 요즘은 집에 통 오질 않아. 오늘도 기차역에서 자려는가 보다. 금순이를 찾아야 혀. 아범아. 가자. 금순이가 기차역에 배 아파 낳은 아이들이 많아져서 눌 자리가 없다는구나. 동네마다 역을 만들어야 혀. 내일은 철도공사에 댕겨와야겠다. 아범아, 통장에 돈이 얼마나 있는지 확인해 봐라. 내일은 인부를 사서 집 근처에 역을 하나 짓자꾸나. 금순이하고 애들이 집에서 왔다 갔다 할 수 있게. 어멈아, 먹을 것도 챙겨라. 국도 여러 솥 끓이고 밥도 넉넉히 해라. 서둘러라, 찾으려면 여러 역을 가봐야 허니께. 엄니, 제가 금순이 손 꼭 붙들고 갈께유. 굶기지 않을 틴께 걱정 마셔유. 금순아, 꼼짝 말고 역 앞에 있그라. 오래비가 얼른 먹을 거 구해 올팅께. 얘들아, 서둘러라. 우리 금순이 배고프것다. 어여 가자, 어여.

탑을 쌓다

탑을 쌓다가 길을 잃는다. 생각이다.
머리가 무겁고 심장이 콩닥거린다.
삐딱한 기단의 괴임돌이
우주*와 탱주*가 버겁다고 앙탈한다.
우주와 탱주도 아우성이다.
몸돌이 소리치며 서서히 금가는 소리
회오리가 되어 귀와 귀를 통과한다.
집채만 한 해일이 일고 귀를 통과한
돌덩이들 성난 파도에 끌려간다.
돌들이 떠밀려 내려온다.
맨발에 날숨을 내쉬던 사내,
우주와 탱주를 들이
바다에 공들여 탑을 쌓는다.

* 우주 : 탑의 하중을 떠받들기 위해 모서리에 세운 기둥모양의 돌.
* 탱주 : 탑의 무게를 분산하기위해 가운데 세운 기둥모양의 돌.

삿갓팬션

워낙 외진 곳이라 설명 드려도 찾기가 좀 힘들 텐데요. 자동차로 한참을 올라오시다가 좌측으로 꺾어 들어오시면, 버섯마을 어귀에 눈이 부리부리한 벅수머리가 서 있고요. 거기서 마을 세 개를 더 지나 좌회전, 우회전, 우회전, 좌회전, 좌회전해서 30미터쯤 가면 회양목 울타리가 빙 둘러쳐진 집입니다. 앞마당에는 돌로 메운 우물이 있고 뒤곁에는 묵정밭이 있습니다. 마당 옆으로는 노루오줌 같은 도랑물이 갈지자로 흘러가고 있지요.

잡초가 웃자란 밭두렁에서 뭉게구름이 뻐끔담배를 피우고 있는, 이곳의 행정구역상 주소를 말씀 드리자면, 우주국 은하도 태양군 지구면 봉분리 18번지입니다. 굳이 나비에게 물어 보시겠다면 지구까지는 잘 안내하겠지만, 길을 잃을 수 있사오니 지구에 와서는 다시 전화를 주십시오. 전화번호는 공팔공 팔베개 천사를 걸어 김삿갓을 찾으면 됩니다. 쇼핑호스트가 봉분에 나와 있는 김삿갓을 방송으로 불러줄 겁니다.

〉

전화를 주시면 득달같이 모시러 가겠습니다. 삿갓팬션은 언제나 여러분을 왕처럼 모시겠습니다. 혹여 살면서 남에게 못할 짓을 하신 분들도 신분을 세탁해서, 천국행 열차표를 끊어 드릴 수 있는 특급매니저 김삿갓입니다. 꽃상여를 빠르고 안전하게 모시는 여러분의 나비가 되겠습니다. 빨리 전화하십시오. 몇 자리 남지 않았습니다. 예약하신 분에 한해 특별히 삿갓모양의 봉분을 만들어 드립니다. 환절기 때는 성수기라 방이 없을 수 있으니 지금 바로 예약하세요. 이제 두어 자리 남았습니다. 죽지 않았다고 망설이지 마십시오. 내가 갈 곳은 내가 마련해야 하는 세상이 되었습니다. 당신이 마지막 천국행 티켓 주인공이 되십시오. 매진임박.

다순구미* 마을

물이 석유보다 귀하던 시절이다. 새벽부터 길게 늘어선 공동우물에서 길어온 한 양동이의 물은 다순구미 사람들을 해갈시키는 단비였다. 동네 아낙들은 째보*선창에서 김칫거리를 절이기도 하고, 팔고 남은 생선이나 갓 잡은 멸치를 켜켜이 간질 해 곰삭혀 젓갈로 팔았다. 늙은 할매도 생선을 손질하거나 그물 손질을 하여 밥벌이에 보탰다.

째보를 닮은 째보선착장은 많은 고깃배들이 들락거렸으며 조금*에 가장들이 돌아오면 생일이 같은 조금 애기들이 여러 명 태어났다. 아이들은 째보선착장이 놀이터였으며 자연스레 뱃사람으로 자랐다. 같은 고깃배를 탔다가 배가 난파되어 제삿날이 같은 집들도 많다.

다순구미 사람들의 생사를 거머쥔 째보선창은 도로를 정비하며 파닥거리는 갯장어 같은 활기와 째보의 모습을 동시에 잃었다. 많은 이가 떠나버린 황량한 다순구미 마을에도 뉴타운 바람이 불었다. 째보가 곰보가 되어버린 선창처럼, 벽에 바른 시뻘건 페인트가 겁나고, 일조권 침해의 덤터

기가 두려운, 따사로운 햇살이 서툰 발걸음을 옮긴다.

* 다순구미 : 지금의 목포시 온금동의 옛 지명으로 '따사로운 햇살이 오랫동안 머무는 곳'이라는 뜻을 가지고 있다.
* 째보 : 언청이를 얕잡아 이르는 말.
* 조금 : 조수가 가장 낮은 때인 음력 매달 초여드레와 스무사흘을 이름.

누가 왔다

세렝게티 아침 햇살 아래 소의 뿔, 염소의 수염,
말의 꼬리를 가진 동물이 풀을 뜯고 있다. 누다.
누 안에는 누가 살까.

건기가 되면 누 떼는 지축을 흔들고
먼지바람 일으키며 세렝게티 초원을
떠나서 마사이마라를 향해 간다.
수백만 마리의 누 떼가 마라강을 건너 갈 때
세렝게티 먹이사슬 강자들도 덩달아 바빠진다.

억센 이빨을 가진 악어
돌기 갑옷으로 무장하고
잡풀에 숨어서 눈을 감았다 떴다 하며
대열에서 이탈한 누를 응시한다.
낌새를 차린 누, 꼬리 철썩이며 무리로 뛰어간다.
누, 뛰는 말이다.

마라강의 거센 물살이 발목을 잡아챈다.

미끄러져 일어나려고 애쓸수록 물살이
발목을 휘감아 수 십 마리의 누를 자빠뜨린다.
대머리 독수리들, 숨이 끊어진 누 몸통에 내려앉는다.
물살을 이불삼아 흰 수염 출렁이며 누 길게 누워있다.
누, 늙은 염소다.

어렵사리 강을 건넌 누 앞에 막아선 바위 절벽
가파른 절벽을 후들거리며 한 발 한 발 내딛는다.
사자는 인내심을 갖고 올라오는 누를 기다린다.
겁에 질린 누, 이판사판 뿔로 사자를 공격한다.
누, 성난 소다.

먼 길, 소의 뿔, 염소의 수염, 말의 꼬리 다 내어주고
꿈결에도 어른대는 너를 찾아 목숨 걸고 누가 왔다.

진도홍주

1. 홍주는 지초에서 나오는 색과 향이 입안을 평화롭게 한다. 성종 때 함경도 병마절도사 허종이 윤씨 폐위 문제로 어전회의에 가야 했다. 부인이 일부러 홍주를 잔뜩 먹여 술에 취한 허종이 말에서 떨어졌다. 얼마 지나지 않아 연산군이 왕이 되었다. 숙청이 시작되었지만 홍주가 허종을 구했다.

2. 주인 찾아 돌아오던 진돗개가 지쳐 쓰러진 산허리에 참꽃이 무더기로 피었다지. 진돗개가 비척비척 넘다가 쓰러진 고갯길을 쓰리랑 고개라고 한다지. 그 고개를 홍주 몇 잔 걸친 꼬부랑 영감이 천년을 아리 아리랑 쓰리 쓰리랑 넘어간다지.

3. 벗은 여인 같은 소줏고리에서 한 방울 한 방울 이슬이 내리고, 이슬과 지초가 만나 붉디붉은 홍주가 태어난다네. 홍주는 진도를 벌떡이게 하는 심장이라네. 남화를 대물림하는 붉은 먹물 같은, 흥을 돋우는 다시래기 같은, 혼을 뒤흔드는 강강술래 같은.

삐비꽃

필통 속을 들여다본다. 부러진 색연필, 심이 닳은 몽당연필, 눈금이 지워진 자, 녹슨 칼, 이지러진 지우개, 희미한 아버지.

가을 어느 새벽, 항문이 막혀 고생하던 당신이 자기 생을 지우개로 지우고 관 속으로 들어가 몽당연필이 되었다. 까까머리 무덤에 삐비꽃이 지천으로 피었다. 삐비꽃, 곁눈질하는 참새에게 은빛머리 흔들며 어여 날아가라고 갈 길 재촉한다.

어디 가신다요

비 저리 내리는데 이른 새벽부터 어디 가신다요.
파도가 뒤집은 놀음판 화투장같은 비 들이치는데
조반도 안자시고 어딜 급히 가신다요.
술 마시면 개 되는 아랫방 주씨 밤새 고래 고래잡고
지 마누라 패는 매 타작 소리, 정적을 찢는 신 새벽
빗금으로 치는 회초리, 꽃잎 덩달아 하릴없이 지고
퉁퉁 불은 개울물, 두리둥실 꽃배 타고 떠내려가는데
근데, 아부지는 어딜 그리 말도 없이 간다요.
아부지 가신 길에 밥알 같은 꽃잎들 떨어져
지게 지고 다시 오실 길을 환히 밝혀주는데.

집 나가신 울 아부지
장맛비에 꽃잎 씻겨나가 길을 잃었나.
같이 갔던 꽃비만 되돌아와
팔랑팔랑 저리도 환하게 내리누나.

| 제3부 |

빨래, 발레

안심하고 절망하기

해꽃이 우주를 돈다. 달꽃이 지구를 돈다. 별꽃이 땅을 돈다. 칩이 구른다. 룰렛이 구른다. 꽃잎이 구른다. 멈추지 않을 것처럼.

끝이 어디일까 하는 생각, 퀴퀴한 지하실, 천 길 땅속, 차라리 열려라 지옥문, 몽환이 새끼집을 짓는 사이 쿵, 소리가 난다. 꽃잎이 으깨진다. 뿌연 초승달이 끌끌 혀를 차며 언뜻 가렸다가 보였다가. 땅에서 올라오는 한기에 전율이 인다. 찢어진 꽃잎 사이로 보이는 흐린 하늘, 사람들이 별 볼 일 없는 틈을 타 달이 손 내밀어 일으키네. 별이 흙을 툭툭 털어주네. 아무도 본 사람이 없다 하네.

이제야 꽃은 안심하고 절망한다.

손 위에서 길을 묻다

손바닥에는 여러 갈래의 금이 있다.

생명선은 건강과 장수를 나타내는 금인데, 선명하고 또렷한 것이 요절하지는 않겠다. 두뇌선은 손바닥을 가로질러 쫘악 째진 것이, 족제비 형상을 하고 있어 명석하기는 하겠다. 감정선은 또렷하니 제 할 말은 하고 살아 화병이나 정신병에 걸리지는 않을 상이로고. 운명선을 보아 하니 진로나 직업이 잘 풀려 지금쯤 한 자리 하고 있을 형상이렷다. 재물선이 수직으로 뻗은 것을 보면 금요를 깔고 다이아몬드 베개 베고 잘 상이로다. 결혼선은 새끼손가락 아래로 금이 하나뿐이어서, 애석하게도 시집은 한 번밖에 못 갈 팔자로고.

태어날 때 쥐고 태어난 미래의 이력서가, 손바닥 어느 언저리를 헤매고 있는지, 경로를 얼마나 이탈해 있는지 알 수 없다. 경로를 재탐색하여 원래의 손금대로 갈 수나 있는지, 눈을 굴리며 손 위에서 길을 다시 묻는다.

감나무의 기억

낯 뜨거운 일이다.

아이는 틈만 나면 감나무에 올랐다.
감꽃을 따서 기다란 감꽃목걸이를 하였다.
미스 양처럼 조롱박 엉덩이를 살랑거렸다.

땡감의 젖꼭지를 깨문 햇빛의 턱수염이 까끌까끌하다.
젖꼭지를 비틀어 감을 한 입 베어 물면 혓바닥이 떫다.
땡감을 따서 물에 담가 우리거나 쌀독에 박아 놓는다.
설익은 것을 따는 아이 때문에 감이 몇 개 남지 않았다.

해의 불화살을 온몸으로 받은 감이 반달 씨를 잉태한다.
말랑한 몸이 백수 대낮에 막걸리를 마신 것처럼 불콰하다.
아이는 늘 바라보며 그 감을 따지 못한 것을 아쉬워한다.
어느 날, 장대를 가지고 가지 끝에 달린 홍시를 후려친다.
까치밥이 되지못한 감이 퍽하고 땅바닥에 속살을 드러낸다.
뱃속에는 제 밥숟갈을 갖고 태어난 다섯 개의 감씨가 있다.

까발려지는 순간이다.

자귀꽃

여름 해질녘, 붉은 화장솔로 단장한 여인이 가지 끝에 홍등을 단다.

태양의 수신호에 공작의 나래처럼 펼쳐진 잎들, 낮을 접어 오므린다.

홍등의 꽃술이 바람을 부르고 짝을 맺은 잎들의 밭농사가 한창이다.

첫 꽃이 피면 팥 씨를 심고, 자귀꽃이 만발하면 팥 농사가 풍년이다.

외양간에 매어놓은 황소가 좋아하는 쌀밥나무 밤새 조록조록 영근다.

신혼방 문살에 다리를 걸치고 엎치락뒤치락하는 자귀가 신랑을 닮았다.

달달한 참외 향이 코끝을 간질여 홍등이 열병을 앓는 열대의 밤이다.

담쟁이 넝쿨

담쟁이 넝쿨을 밟고 고양이가 담을 넘는다.
비가 벽돌을 분리하는 틈새에 물 먹은 발이 낀다.
젖은 담장이 무너지며 유리창이 빛이 되어 날아간다.
철거 반대를 외치던 아주머니가 며칠 전에 떠났다.
잿빛 고양이의 발톱에 낀 암팡진 허기가 십자날이 된다.
누워있는 전봇대 속으로 고양이 몇 마리가 드나든다.
잡초더미 위로 살포시 내려앉은 호랑나비를 먹는다.
벽돌을 빵처럼 베어 물던 점박이가 보이지 않는다.
빌라 지하실을 떠났던 검둥이가 어둠을 끌고 기어든다.
담벼락이 세포분열 하는 사이, 눈먼 새끼들의 울음이 샌다.
이슬을 털어내며 담장 너머로 새끼들을 물어 나른다.
며칠 뒤에 귀가 잘린 검둥이가 홀몸으로 돌아온다.
검정콩을 볶는 비가 밤새 내리고 새끼들은 이제 없다.
부서진 담장만 바라보던 검둥이가 미동을 하지 않는다.
지켜보던 담쟁이 넝쿨이 빨간 출입금지의 경계를 넘는다.

* KBS 환경스페셜 「철거촌의 고양이」편에서 내용 인용.

빨래, 발레

옥이는 쭈그러진 양은세숫대야에 빨랫감을 담고
똥비누와 빨랫방망이를 챙겨 미자와 마실을 간다.
신작로를 지나 가파른 샛길로 한 마장쯤 오르면
돌로 축대를 쌓은 방죽이 처녀애들의 놀이터다.

빨래를 방죽에 휘휘 저어 판판한 빨래독에 놓고
힘주어 쓱싹쓱싹 비누칠을 한다.
비누를 많이 쓴다고 욕하는 엄니 말이 떠오른다.
분풀이 삼아 방망이를 내려친다.
퍽퍽 볼기에 감기는 태장을 견디지 못한 때,
똥비누에 미끄러져 보글보글 까만 죄를 토설한다.

젖은 빨래를 뒤집어쓰고 달구어진 몸을 가린
돌에게 겉옷도 벗어주고 긴 생머리를 감는다.
우리 속옷도 벗어서 빨까, 빨래, 안 빨래.
낮달의 볼이 발그레해지며 깔깔깔 웃는다.
빨래가 뭐여, 발레라고 하자.
빨래, 아니 발레가 말랐는지

봉긋한 가슴을 내밀고 발끝을 세우며
돌을 품어 당당해진 발레를 만진다.

그 말씀

심장에 이식한 포자가 발아한다.
남자는 생간을 떼고 익은 간을 달았다.
연탄화덕에 등을 지지고 있는 생선을 뒤집는다.
가스가 새어나오는 연기 사이로 하늘이 보인다.
남자, 하늘에 낚시를 드리우고 바람을 낚는다.
남자를 한심하게 바라보는 이가
유독 자기를 닮은 남자에게
바람을 낚지 말라, 말씀한다.
먼저가신 아버지, 할아버지도 지키지 못한
또 한 명의 남자도 지키지 못한 그 말씀이
하늘공원 가족 봉분을 사부작사부작 거닌다.

바람을 불러들이다

뒷산을 내려와 유리창 덜컹대는 바람을 불러들인다.
선택받지 못한 눈발이 창 주위를 빗금으로 노크한다.
담요를 덮어주고 커피 한 잔을 주자 이내 잠잠하다.
유리창의 하얀 입김이 옆, 옆으로 버짐처럼 번진다.
버짐 핀 얼굴을 어루만져 손거울 속에 구겨 넣는다.

오메가쓰리와 영양제 한 움큼을 삼킨다.
손가락 마디만 한 종합비타민제가 목에 걸린다.
목을 황새처럼 쳐들고 물을 한 컵 마시자 겨우 내려간다.
피부에도 밥 대신 물을 자주 주라고 피부과 의사가 말한다.
옹기 약탕기에 둥굴레, 구기자, 결명자와 불로초를 넣는다.

불로장생차를 마셨더니 울룩불룩한 양기가 솟구친다.
한의원 보약보다 진한 오줌이 공원분수처럼 쏟아진다.
발기를 주체하지 못한 시몬스침대가 토네이도를 부른다.

여우꼬리에 비 내리다

요령소리 딸랑딸랑 울리고
여우꽃각시에 한 줄금 비가 내린다.
하얀 꽃상여가 여우비에 젖는다.

어린 손자 나비잠 자는 동안
버선 고쳐 신는 며느리 머리채 휘어잡고
내 아들 살려내라, 신랑 잡아먹은 년이
지 새끼 버리고 어딜 갈라고.
날 죽이고 가그라아.
장지문 앞을 막아서는 악다구니 시에미
울다가 지쳐 쭈글쭈글 개잠 자는 동안
들썩이는 꼬리 더는 어쩌지 못해 훌쩍 담을 넘는다.

얼레리얼레리, 꼴레리꼴레리,
호랑이, 별 뉘만도 못하게 찔끔 다녀가고
굶주린 사랑이 너무도 짧아 애가 타는
여우비, 막걸리집 늘어진 구슬 문발 사이로
은빛 꼬리 살랑살랑, 흔들며 언뜻언뜻 내린다.

숨바꼭질

당신은 어디에 계신가요.
파랑새를 찾아 헤매듯
말씀 속으로, 교회당으로, 방송국으로
온종일 당신을 찾아 다녔습니다.

항상 나의 마니또가 되신 당신
당신의 모든 것을 알고 싶기에
감히 당신의 발자취를 더듬어
내 발을 포개어 디뎌봅니다.

종종 인편으로, 서신으로, 당신 소식은
심심찮게 듣고 있습니다.
뜻하지 않은 곳에서 만날 우연을 기대하며
오늘도 로뎀나무 카페 주변을 서성여 봅니다.

티티카카, 태양의 섬에 누워

티티카카 호수*, 어딘가에 바람의 유배지가 있다.
호수에 배를 띄우고 갈대의 흔들림을 따라간다.

은행나무의 말매미, 감전된 듯 부르르 떨며 자지러진다.
욕조를 나와 뱅뱅 돌며 바람의 뒤를 캐다가
작은방과 주방 사이의 문턱에 길게 눕는다.
몰딩을 경계로 다리를 오므렸다 폈다 하며
방에서 거실로, 거실에서 방으로 발이 들락날락한다.
방에 있는 다리를 티티카카 호수로 길게 뻗었을 때
설산을 흐르는 차가운 바람의 입술이 살갗을 스친다.
발가락을 간질이며 가랑이 사이로 파고든다.
박하 향내 나는 유두를 가볍게 깨물고
콧등을 토도독 더듬다가 눈두덩을 핥고는
머리카락에 두어 번 입 맞추더니 이내 사라진다.
아쉬움에 눈을 감고 바람의 혀끝을 되짚어간다.
혀가 터치하는 감각들이 정전기처럼 일어나며
부풀어 오르다가 푹 꺼지며 이내 말랑해진다.
〉

플라타너스 잔등에 목쉰 매미 울음소리 여전하다.
태양의 섬에 누워 입술 허물을 잘근잘근 씹다가
소문 늦은 귀를 데우는 바람난 유령의 후끈한 속말에
걸친 허물 훌렁 벗고 티티카카 호수의 인공 섬이 된다.

* 티티카카 호수: 페루와 볼리비아의 국경에 있으며, 해발 3,812m로 세계에서 가장 높은 곳에 위치한 호수이다. 호수에는 많은 섬들이 있으며 태양의 섬은 태양과 달이 태어난 섬으로 잉카인에게는 신성한 곳이다.

그 해 여름, 선풍기 씨 사망사건

눈이 침침하고 아리다. 머리가 아프고 뒷목이 뻣뻣하다. 어깨가 결리고 얼굴이 화끈거린다. 담장이넝쿨 흡착판이 어깨를 움켜쥐어 계란만한 알집이 생겼다. 좌우로 갸우뚱거리고, 안마기로 팡팡 내려치지만 시원하지 않다. 그동안 너무 각을 세우고 딱딱거리며 살았나보다. 뭉친 근육을 주무르는데 아악, 비명이 새어나온다. 온몸에 식은땀이 비 오듯 쏟아진다. 나이가 많은 선풍기에게, 시원한 바람을 만들라고 발가락이 명령한다. 삐그덕삐그덕, 웅웅 볼멘소리로 더운 불평을 할딱할딱 내뱉는다. 몸 전체가 통점인지라 누구를 생각할 겨를이 없어 신경질적으로 반응하며 심하게 야단을 친다. 겨우 그거밖에 못해. 그 나이에 네 아버지는 용광로의 쇠도 식혔다. 한참 일 할 나이에, 그런 썩어빠진 정신 상태로는 아무것도 제대로 할 수 없어. 한바탕 해대고는, 강 버튼을 누르고 빡세게 뺑뺑이를 돌린다.

연일 불볕더위에 전력 비상 경고등이 켜졌다고, 원전 몇 호기를 무리하게 가동해서 또 고장이 났다고, 전기를 이렇게 팡팡 쓰다가는 전력대란이 올지 모른다고, 한낮에는 에

어컨 사용을 가급적 자제하고 선풍기를 돌리라고, 아나운서 아바타가 매 시간 같은 멘트를 되풀이한다.

그러거나 말거나, 선풍기는 계속 화끈한 얼굴을 향해 바람을 만들고. 에라, 모르겠다. 죽기 살기로 가속페달을 밟고 미친 듯이 돌다가 끼이익, 엔진 과열로 연로하신 선풍기가 기어이 제 목을 꺾는다. 푹푹 찌는 오후 2시, 향년 나이 이십 삼 세, 선풍기 씨가 순직했다. 부검 결과, 뙤약볕에서 고추 따던 노인네보다는 한 시간 먼저 갔다고, 마지막 순간까지 충성하다가 유명을 달리했다고, 그의 거룩한 희생을 잊지 말자고, 삼가 고인의 명복을 빈다고, 9시뉴스 시간에 아나운서가 침통하게 선풍기 씨의 사망소식을 전한다.

슬플 예정이다

내일은 아마도 슬플 걸.
모레도 별 수 없이 슬프겠지.
글피는 당연히 슬플 거야.

내일은 답이 없는 내 일 때문에 슬플 걸.
모레도 별 수 없이 성난 파도를 맞고 슬프겠지.
글피는 당연히 시가 써지지 않아 슬플 거야.

눈이 오면 그대는 똥 대신 눈을 굴려.
내일은 눈덩이로 눈사람을 만들겠지.
모레는 눈사람에게 똥을 바를 걸
글피는 눈사람은 녹고 똥만 남겠지
내일, 모레, 글피가 눈덩이처럼 구른다.
구르고 굴러 한 해가 눈사람처럼 녹는다.

쇠똥구리의 일 년 후, 여전히 쇠똥을 굴려.
말똥구리의 십 년 후, 여전히 말똥을 굴려.
개똥구리의 백 년 후, 여전히 개똥을 굴려.

슬플 예정임으로

축배를 들자.
넝쿨째 굴러올 슬픔을 위하여.
입안에서 탱글탱글 닭똥집을 굴려 봐.
다 함께, 슬프게
쇠똥구리, 말똥구리, 개똥구리,
그대여.

큰오색딱따구리 · 1

딱, 딱, 딱, 따닥따닥, 딱따닥,
정을 쪼아 만든 미루나무 둥지에
어미가 들어앉아 부리로 제 털을 뽑네.
쭈글쭈글 실핏줄 도드라진 맨살로 알을 품네.

큰오색딱따구리, 들머리가 닳도록 들락거리네.
동이 트는 새벽에는 어미가 먼저
해가 지는 저녁에는 아비가 나중
물어 나른 먹이가 태산이라네.

커갈수록 먹이 주는 횟수를 줄이네.
어미가 먹이를 물어와 둥지를 맴 도네.
한 발짝 한 발짝 둥지 밖으로 유인하네.
아비는 나무줄기에 붙어서 딱딱 소리치네.

얘야, 발톱 두 개를 수피에 걸어라.
그래야만 몸이 흔들리지 않아서
원하는 먹이를 잡을 수 있단다.

〉

따 따따따, 따르르 딱,

자, 너도 아비를 따라 해 보렴.

집 떠나는 날까지 잔소리 멈추지 않네.

큰오색딱따구리 · 2

산책로 벚나무에 둥지를 틀고
다 큰 새끼들을 날려 보내지 못하는
미련한 늙은 큰오색딱따구리 한 마리 보았네.
그 딱따구리 여전히 닳은 부리로 먹이를 찾고 있네.
웃자란 새끼들이 배고프다 어미를 재촉하는
성화가 자전거의 경적처럼 숲을 울리네.
온 산에 따르릉따르릉 메아리치네.

철없는 고추

올 봄, 베란다에 고추 모종을 심어 고추밭을 만들었다. 동네 어귀를 지나다 보면 밭에 심은 고추들은 주렁주렁 열리는데 베란다 고추밭에서는 도통 고추가 열리지 않는다. 화분에 물을 주던 남편이 소리쳐 나가보니 마지못해 한 나무에 한 개씩 열려 겨우 고추입네 시늉만 하고 있다. 화분 사고, 흙 사고, 비료 사고, 모종 사고, 좋이 몇 만원은 투자했는데, 열린 것은 백 원어치다.

본전 생각나게 하는 고추가 가을이 지나고 몇 개씩 열리기 시작한다. 밭의 고추들은 벌써 빨갛게 익어서, 고춧가루가 되었는데. 이제야 고추꽃이 하얗게 피더니 여기저기 작은 고추를 불쑥불쑥 내놓는다.

백년 만에 내린 폭설에 길이 얼고 베란다 유리창에는 살얼음이 끼고, 수국은 잎이 노랗게 말라 얼어붙어 있는데, 푸르뎅뎅한 고추들은 아직 탱탱한 청춘이다. 12월에, 젊고 싱싱한 고추를 따서 아삭아삭 씹는 요 맛. 한겨울 꽃게탕에 풍덩 뛰어드는 요, 요, 철없는 고추맛.

너는 그 자리에 오지 않았다

새벽 눈이 채 얼기도 전 추적추적 겨울비가 내리고 있었지. 외투주머니에 손을 넣은 앞사람의 발자국과 힘주어 딛는 내 양털부츠만 바라보고 걸었지. 살얼음이 도로에 미끄럼틀을 만들어 생각이 끼어들 틈을 주지 않았어. 차라리 잘된 일이야.

머리가 생각을 쉬자, 살얼음이 그 곳으로 미끄럼을 태워 갔지. 먼저 가서 기다리는 그 자리에 너는, 나타나지 않았어. 처마 밑에 기대어 고드름이 된 망부석을 서걱대는 동공이 가까스로 밀어 옮겼지. 이렇게 오늘의 일과가 끝이 난 거야.

내일은 이번 주의 둘째 날, 두 번째 장소로 가볼까 해. 네가 나의 손목을 당겼던. 수, 목, 금, 늦어도 토요일까지는 사라진 알람을 찾아야해. 일요일은 알람이 울리지 않아. 우리가 일요일에는 만난 적이 없잖아.

교회에 다니던 나는 교회에 가지 않고, 교회에 다니지

않던 너는 교회를 가야 하니까. 오늘도 채워진 텅 빈 공간에 네가 있다. 내가 없다. 허공의 빛끼리 덜그럭, 부딪히는 소리가 들린다. 이 밤, 너와의 비워진 충만을 위해 기도해야겠다. 웃음가지 끝이 물고 있는 울음이파리의 영롱한 서있는 넘어짐에 대하여.

흑곰의 겨울잠

작년에 왔던 길, 잡풀이 눈썹까지 자라 꼬리가 사라졌다. 눈을 감고 피가 당기는 실핏줄의 기억을 더듬는 곰 한 마리, 놀이공원 나뭇가지에 곰돌이 푸, 풍선으로 대롱대롱 매달렸다.

자판 홈으로 기어드는 개미를 무심코 검지가 누른다. 개미의 부러진 허리에서 잡풀 속에 가려진 길이 보인다. 바람에 떠밀려서 겨우 막차에 올라타 몇 개 잠 언덕을 넘는 동안 속눈썹은 껑충껑충 자란다.

컴퓨터로 위장한 동굴에 내시경을 넣고 내부를 탁본한다. 방금, 노트 위에서 상고대라는 글자를 밟고 지나가는 개미를 엄지와 검지가 합세하여 콱 응징하려다 그냥 두었더니, 잣나무 서리꽃을 지나는 길목에 발이 얼었다.

현미경이 배꼽에서 마모된 기억의 흔적을 찾아 탐색한다. 배꼽때가 된 태초의 탯줄 속에서 까만 속눈썹이 자란다. 배꼽에 그늘이 드리워진다. 배꼽은 곰의 퇴화된 눈이다.

겨울잠을 자는 동안, 기다란 속눈썹은 진피층에 뿌리를 내리고 몸을 털로 감싼다. 겨울잠을 푸우푸우 자면서, 결 고운 모피 한 벌 짓는다.

6과 9, 20년 후

6이라고 합니다.
저는 9라고 해요.
서로에게 반한 6과 9
영화관에서 거리 6…9
만나면 헤어지기 싫은 거리 6‥9
집 앞에서의 거리 6·9
꿈속에서의 거리 69
서로 끌어당기는 자석이다.

우리 빨리 결혼하자.
신혼의 달달한 밤 69
체위를 바꿔 66, 99
오, 예, 33, 55, 88,
6의 배는 점점 불러 0을 낳았다.
9는 0이 자라나서 88할 때까지 일을 한다.
주방에서 6·9, 거실에서 6‥9, 침대에서 6…9
코끝을 더듬는 술 냄새 22, 77
이제는 같은 곳을 바라보는 6과 9

입 냄새, 숨소리, 코고는 소리, 6……9
급기야, 6은 큰방, 9는 작은방, 거실은 공용

20년 후, 6과 9는 x라는 기호로 공생한다.

80년대 딸라 아줌마

점심시간이면 빌딩에서 샐러리맨들이 무더기로 쏟아져 나와 종종걸음 친다. 맛 좋은 식당은 조금만 늦어도 자리가 없어 남의 식탁 앞에서 침을 꼴깍꼴깍 삼키며 기다려야 한다.

후미진 식당 골목에 들어서면 여기저기 흩어진 파마머리 뚱보 아줌마들이 가방을 끌어안고 다가와 속삭인다. 딸라 있어요. 엔화 있어요. 잘해 디릴께, 종종걸음을 잡는다. 엉뚱한 사람 붙잡는 아줌마는 초짜이고, 고수 아줌마는 척 보면 안다. 저 양반은 밥이 아니고 딸라인 것을.

늙수그레한 신사가 자식들 다 키워놓고 재산도 제법 일구어 이제 해외여행이나 다닐까 하고 환전하러 골목을 찾았다. 눈치 빠른 뚱보 아줌마가 달려가서 귓속말로 속삭인다. 사장님, 딸나 줄까요. 애나 줄까요.*

* SNS에 떠도는 이야기를 발췌함.

| 제4부 |

전라도 묵은지

별똥별에서 온 남자, 초승달에서 온 여자

밤나무숲에 어둠이 오면 지구의 하루가 끝난다.
오늘 못다한 숙제를 베개 삼아 이부자리를 편다.
해가 어둠 거둬내고 알람이 울리면 다른 하루의 시작
밤새 이도저도 아닌 머리에 까치집 한 채 짓는다.
아침밥으로 생쌀을 씹고 더운 물 한 바가지 들이킨다.
후식으로 원두를 깨물며 갓 따온 코코넛을 마신다.
컴퓨터에 앉아 지난밤 꿈속에서 본 별을 스캔한다.
부도난 남자가 모니터의 별과 별 사이에 숨어 떨고 있다.
가출한 여자는 크레이터에 몸을 감춘다. 환한 것이 싫어.
태양이 베어 먹은 달에는 바람이 산다. 성깔이 더러운.
밤이면 여자를 얼려 곰보얼굴을 메운다. 바람이 달의.
남자는 긴밤 내릭에 별똥을 흩뿌리며 뱃사공이 되고
여자는 얼었다 녹았다 안개 낀 바다에 조각배가 된다.

병甁

마신다.
비운다.
알몸이다.
투명하다. 병 밖으로 나온다.
너는 이제 하늘에 오를 수 있겠다.

마신다.
비운다.
거적이다.
찌꺼기다. 병 목에서 걸렸다.
나는 이제 땅에 묻힐 수 있겠다.

병甁, 시공간의 우리 거리다.

외갓집

외할머니가 살던 시골집이 음식점 담장으로 이사 왔다.
외할머니는 삶은 메주콩을 돌절구에 넣고 콩콩 찧는다.
짓이겨진 콩을 손바닥으로 차지게 두드려 모양을 낸다.

각이 진 메주를 새끼줄에 매어 처마밑에 줄세운다.
메주 한 쪽에 마늘단을 동무삼아 야무지게 매단다.
놀러온 바람이 메주와 마늘을 그네 태워 힘껏 민다.

메주의 벌어진 틈새로 들어간 바람이 코를 쥐고 나온다.
마늘의 묶여진 머리를 만지고 나온 구름이 재채기 한다.
할머니의 구멍 난 뼈를 지나온 한기가 서리만큼 시리다.

바람에게 콤콤함을 전해준 메주 몸이 누렇게 말라간다.
구름에게 매운맛을 보여준 마늘 머리가 하얗게 새어간다.
할머니 메주와 마늘을 처마에 매달며 쭈글쭈글 늙어간다

외부수리 중

수복정 유리창에 내부수리 중이라고 붙어있다. 인테리어 공사 중인가 내부를 들여다보았지만, 입구 유리문 틈새에 밀린 고지서가 빼곡하다. 3개월이 다 되어갈 때 쯤, 며칠 청소하고, 내부수리 흉내만 내더니 장사를 시작했다. 나중에 들어보니, 돼지고기 원산지를 속여 팔아, 영업정지를 당했다고 한다. 그 집 안주인은 내과에서 내부수리 중이다.

현수네는 간판을 페인트만 덧칠하여 50년 넘게 사용했다. 못이 녹슬어 표면으로 솟아 울퉁불퉁하고, 모양이 뒤틀리고, 덧칠한 페인트가 흘러내리고, 세월의 더께까지 더해져 추잡해 보인다. 이참에, 세련되고 참신한 간판으로 갈아치우려다 부모님이 물려주신 간판의 형체를 없앨 수 없어서, 바닥을 페이퍼로 문질러 허물을 벗긴다. 군데군데 녹슨 못은 노루발장도리로 빼내고, 화사하게 페인트를 칠해 새 단장을 한다. 간판을 중국산 페인트로 덧칠해 걸어놓고는, 원산지를 국산이라고 표기한 것이 들통이 나 영업정지를 당했다는 후문이다. 이 집 안주인은 피부과에서 외부수리 중이다.

이력서

이력서를 써서 말라붙은 잉크로 인쇄를 한다.
학력이 통째로 휘발되어 건반처럼 날아간다.
하찮은 경력이 프린터 이빨에 씹혀 뭉개진다.
삐딱한 자격은 문턱에서 자격증도 못 내민다.

체기가 있는 먹통의 등짝을 후려친다.
재생잉크를 새로 산지 얼마나 됐다고.
전원을 껐다, 켰다. 입구를 열었다, 닫았다. 반복, 또 반복.
불안한 빨간등이 깜박이며 카트리지 점검 신호를 보낸다.

아들이 전등나사를 돌리다가 유리를 놓쳐 파편이 튄다.
애비는 엊그제 전등갓을 쪼개 신석기 돌칼을 만들더니
부재중인 남편에게도 유리파편이 튄다. 아이고, 웬수들.
그곳에 가지 말라는 신의 계시다.

꼬깃꼬깃 구겨버린 이력서를 억지로 잡아 뺀다.
행간으로 숨어버린 얼굴을 찾아 앞뒤를 훑는다.
어쩌지. 어쩌긴, 눈물을 찍어 부실한 이력을 복구해 봐.
어쩌죠, 귀하의 역사는 자료가 삭제되어 재생불능입니다.

선녀와 나무꾼

잠시 따라 왔다가 기회를 봐서 돌아가려 했다.
날개옷만 아니면 이런 남자를 따라 나서지 않았다.
나무하러 갈 때마다 집안을 이 잡듯이 뒤진다.
아바마마와 하늘집이 그리워 향수병에 걸렸다.

첫째아이가 태어났다. 그래, 천자문 외울 때까지만 살자.
둘째가 생겼다. 하는 수 없지, 걸음마 할 때까지만 살자.
셋째를 낳았다. 마음이 바쁘다. 기어 다닐 때까지만 살자.
자식을 두고 가려했다. 막내가 눈에 밟힌다. 첫째, 둘째도.

자식을 위해서라면 길거리 풀빵장사라도 할 수 있는 선녀
호리한 장구통의 몸매가 펑퍼짐한 드럼통 월매가 되었다.
세 아이 한꺼번에 안고 날 수 있는 힘을 비축한 어느 날,
나무꾼을 향해 도전장을 내민다. 법원 앞에서 보자고.

재산은 필요 없다. 내 날개옷과 아이들의 양육권을 달라.
성내면서 길길이 뛸 줄 알았던 나무꾼, 줄곧 침묵하며
희끗한 머리를 땅에 심고 입산금지구역으로 들어간다.
부엉이 눈동자 같은 밤, 나무꾼의 도끼소리 적막을 팬다.

설거지

저, 거시기 그릇들이 물에 빠지면 뭣 먼첨 건질 거여. 거시기, 밥이 젤이니까, 밥그릇 먼첨 건져야것제. 그 담으로는 워떤 놈을 건질 거여. 난 말여, 국이 없으면 밥을 못 먹응께로 국그릇 할라네. 시번째는. 노물도 묵고, 짐치도 묵어야항께 찬그릇을 건져야 안 쓰까. 니째번은 누구여. 들에 가서 밥을 묵어 봉께, 숟깔이 없으면 영판 성가시드만. 그라믄, 마지막으로는 뭣을 건질랑가. 근께, 이것을 많이 쓰믄 겁나 머리가 좋아진다고 하등만, 그랴도 머리 존 것은 내 입에 밥 들어가는 거 하고 별 상관이 없어야. 막말로다가 없으면 손꾸락도 있고, 막가지도 분질러 쓰믄 되니께. 질로 마지막으로다가 저금* 할라네.

* 저금 : 젓가락의 전라도 사투리.

극는듣를믐에 관한

극에 관한
산비탈, 뱃살이 줄래줄래 겹쳐있는 다랑이 논
고개를 숙여 피를 뽑는 꼬부랑 할멈과 할아범

는에 관한
나른한 호수에 떠있는 원앙새 두 마리
같은 곳을 향하여 나아가는 데칼코마니

듣에 관한
두만강 푸른 물에 돛단배 두 척이 부르는 유행가
나란히, 앞서거니 뒤서거니 파도에 타는 가리마

를에 관한
을씨년스러운 날씨, 연탄화덕에 굽는 돼지곱창
꼬불꼬불 창자를 타고 줄줄 내려가는 하얀 곱

믐에 관한
방바닥을 스캔하는 섹시한 그녀의 바디 랭귀지
신문을 훑다가 그녀를 덮친 그와의 이층 몸탑

아름다움

깨어진 계란에서 얇은 막을 타고 흐르는 노른자의 침 사라진 뽀얀 젖가슴 대신 짝짝이 젖가슴의 수평 칼금 배설물을 받아 재채기하는 구멍 막힌 좌변기의 동심원 머릿속의 회로를 보여주는 머리칼 없는 투명한 대머리 골목길에서 개의 딱딱해진 대변을 밟은 발바닥의 오지랖 버려진 빵봉지가 틀어막고 있는 구멍 난 공원의 벤치 얼굴을 노트삼아 레이저로 꽉꽉 눌러 쓴 점자 일기장 하객으로 간 결혼식에서 배가 나온 신부 드레스의 지퍼 주검을 씻겨 저승 갈 노잣돈으로 살아가는 염장이의 이승.

나는 여기에 살고 있지 않으며
하릴없이 빙판을 쏘다니는 떠돌이.
가끔, 백 년 전에 내가 쓴 글을 해동하여 읽곤 한다.

마트, 그녀

마트 주변에서 그녀와 가끔 마주친다.
떡이 진 머리에 피부가 온통 구릿빛인 그녀
제 발보다 한참 큰 슬리퍼를 질질 끌고 다닌다.
배시시한 입술에는 늘 담배꽁초가 물려있다.
냄새가 눈과 코를 마비시켜 시야가 아리다.
헐렁한 조끼 안으로 가슴보다 더 나온 똥배
오랜만에 봤더니 어디다 부렸는지 홀쭉하다.
마트 화장실에서 딸을 낳았다는 소문이 돈다.
여름이 우스워 우스꽝스럽게 웃는 그녀

주르르 빠진 앞니 사이로 담배를 빠는 볼따구니가, 장죽 빼끔거리다가 양은 재떨이에 탕탕 태질하며, 딸, 그까짓 것들 멋에 쓴다냐. 손주 머리 쓰다듬으며 우물거리던 영락 없는 쭈그렁바가지 우리 할매다.

안개, 손톱터널을 지나다

하이에나처럼 달려드는 안개 피해 무작정 차를 몰았다.
정선에서 동강으로 가는 길목에 있는 손톱터널
차 한 대 지나갈 정도의 통로다.
터널 안은 눈감고 귀 닫은 고요
차창으로 손을 뻗으니 까만 경고문이 손끝에 읽힌다.
자동차 전조등에 의지하여 섬뜩한 고요를 가른다.
차가 분위기에 눌려 후들거린다.
재채기를 하고 뜨거운 콧김을 뿜는다.
열이 오르고 구토와 발작을 일으킨다.
난동을 부리다가 물컹한 등뼈를 타고 넘는다.
허리가 잘려 신음하는 물체, 회벽으로 쓰러진다.
담배가 타는, 고무가 타는, 엔신이 타는,
매캐한, 검붉은, 납작하게 으깨진 데칼코마니.
데칼코마니, 생솔을 꺾어 몽글몽글 갱도를 메운다.
잿빛 안개에 가린 싸리골 동백꽃이 꺼이꺼이
정선아리랑을 부르며 툭, 툭, 제 목을 꺾는다.
구 짜가 떨어져나간 비상이 가리키는 출구에서
손톱만한 불빛이 점멸하며 비상한다.

시원하게 깎았습니다

시원하게 깎았습니다. 태어난 지 얼마 안 된 사내아이 머리통을 한 손으로 부여잡고, 다른 손은 바리깡을 들고 원시림에 시원하게 고속도로를 낸다. 배고플 때, 아플 때 말고 별로 울어 본 적 없는 그 아이, 미간에 붉은 주름 닭벼슬처럼 세운다. 앙알앙알, 눈물바람이 분다. 불도저처럼 배냇머리 싹둑싹둑 밀고 내려오는 바리깡의 테러가 울타리 밖, 첫 울음이다.

쏟아지는 빗줄기 속에서 두 눈을 끔뻑거리며, 날아가지 않는 꽁지 빠진 어린 새를 본 적 있다. 군기가 바짝 든 빗발이 따발총으로 내리 붓고, 김이 모락모락 나는 여린 몸에 부딪혀서, 탄피처럼 또르르또르르 굴러 떨어졌다. 몸통까지 차오르는 동심원에 갇혀 오만 가지 표정이 스치던 꽁지 빠진 새, 출근길에 미용실이 아닌 휴대폰가게 현수막에서 다시 만났다.

환절기

눈가에 무더기로 쌓인 눈곱을 치운다. 생각이 자꾸 생각을 낳느라 시달렸다. 일어나니 속눈썹이 붙어 떨어지지 않는다. 물 묻혀 말라붙은 눈곱을 떼어낸다. 한사코 떨어지지 않으려고 앙탈이다. 가늘게 뜬 눈 사이로 눈두덩이, 눈꼬리에 레몬을 매단 낯선 여자의 풍경이 거울 속에 있다.

코가 맹맹하다. 화장지를 한지 삼아 콧물을 탁본한다. 주름 잡힌 성대가 비명을 지르며 가래를 뱉는다. 잔털 사이로 오슬오슬 소름이 돋는다. 얼굴이 벌게지며 식은땀이 난다. 모든 구멍에게 계엄령을 내린다. 몸에 불이 붙는다. 기꺼이 백기 들고 마루타가 된다.

사탕학 개론

사랑한다. 전, 아니에요.
(그럼, 내 사랑은 어쩌나)
사랑은 보채는 것이 아니라
잔잔히 바라봐주는 거예요.

사랑은 말이죠. 사탕을 입에 물고 이리저리 굴려보고 빨고 깨물며, 혀의 달달한 여운이 말없이 심장에 스미는 거예요.

사탕의 달달함이 온몸으로 젖어들어
사랑과 사탕의 경계가 없어지는 거예요.

(옳거니)
그럼, 우리 이제부터 사탕 먹자.

일요일

헝클어진 머리에 까치집 짓고 이부자리에 새알 둥지 틀고 이리저리 배밀이로 움직이며 손을 허우적거려 닿는 반경에 화장지, 과자, 잡지 따위 늘어놓고 졸다가, 자다가, 보다가, 벽지무늬를 가로로, 세로로, 거꾸로, 세어 보다가 배고프면 라면에 계란 동동 띄워 TV 앞에서 낄낄대며 면발 후루룩

안식일 거룩히 지키라는 십계명이 무료해지면 먼지끼리 뒤엉켜 방바닥을 구르는 장면을 바라보다 주춤주춤 다가서는 개미를 저지하기도 하고 어설픈 문장을 노트에 가두기도 하고 그러다가 방 밖이 궁금해지면 핸드폰을 만지작거려 몰래 남의 소식을 캐묻기도 하고 코 푼 화장지며, 신문이며, 귤껍질이며, 이불 주변에 아무렇게 내팽개친 채

다시, 무대에서
날이 뚜렷한
끝이 뭉툭한
칼날에 코끝을 베이고도
헤죽헤죽 웃을 빨강코 피에로를 위하여.

기어코, 너로구나

신문, 오늘의 날씨를 통해 배달하던 시베리아 저기압이 실종된 날, 거부할 수 없는 비염으로 재채기를 하고, 겨우내 묵은 살비듬 벅벅 긁어 털어내고, 코 벌름벌름, 입 하품하며 기지개를 켠다.

공원에 나갔더니 찬바람이 허술한 목덜미를 핥는다. 공원 주위를 도는 아줌마들 몇은 우중충하고 몇은 산뜻하다. 메타세콰이어 사이의 가로등 몇은 달을 들어 성화 봉송하고, 몇은 미처 불을 지피지 못했다. 가로등 뒤쪽으로 비켜선 물웅덩이 속 올망졸망 검은 눈알이 무더기로 빛난다. 꽃바람이 산수유 앙다문 입술을 간질이며 미친 척 휘익휘익, 꽃술을 걷어찬다. 산수유 앙알앙알, 노랗게 자지러진다.

|해설|

'불안'과 시 ; 발각發覺을 기대하는 희망의 우회로迂廻路

—이외현의 시세계

백인덕 | 시인

현대인은 대체로 솔직하지 않다. 예술가들, 국내의 경우에는 특히 시인들과 평론가들이 더 그런 경향을 드러낸다. 물론 대부분이 인격적으로 덜 성숙했다거나 위선자라는 의미는 아니다. 선대의 전통의 압력에 상대적으로 나약하다는 것을 말하고 싶을 뿐이다. 니체는 "신은 죽었다"고 분명히 선언했다. 하지만 곧바로 "인간의 방식이 그렇듯이 앞으로도 그(신)의 그림자를 비추는 동굴은 수 천 년 동안 여전히 존재할 것이다"라고 정확하게 예언했다. 무슨 말인가? 현대인은 자기 자신에 대한 많은 새로운 인식을 체험하고 학습했음에도 불구하고 거의 완강하게 그 사실들을 인정하고 외적으로 드러내기 보다는 개인의 문제로 '내면화'하는 데 더 열중한다. 대표적인 경우가 소위 '성적 농담'이라고 할 수 있다. 누구나 즐기지만, 아무도 쉽사리 인정하려 들지 않는다. 심지어 그 사실이 밝혀지면 사회문화적인 온갖 핑계를 둘러대기 바쁘다.

이외현 시인의 이번 시집, 『안심하고 절망하기』를 제대로 읽기 위해서는 프로이트를 피해갈 도리가 없다. 또?, 고개를 갸웃하게 될지도 모른다. 간단한 인용을 통해 이번 시집을 읽어보기로 한다. 프로이트는 초기 저술 『에고와 이드』에서 "자아ego는 세 주인에게 의존하는 빈약한 창조물로, 결국 그 세 주인들에게 위협을 받는다. 세 주인이란 외부 세상, 원아id의 리비도, 혹독한 초자아super ego를 일컫는다. 세 종류의 불안(현실적, 신경질적, 도덕적 불안)은 이 세 가지 위험에 대응하는데, 불안이란 위험에서 후퇴한 것을 말하기 때문이다."라는 중요한 점을 지적했다. 그를 따르면 '자각自覺'으로서의 불안의 성격을 명확하게 규정할 수 있다.

이 글이 지나친 비약이라는 비판을 감수하게 된 이유는 일차적으로 『안심하고 절망하기』라는 표제 때문이었다. '안심'과 '절망'이라는 두 어휘의 뉘앙스와 현대시의 여러 수법 중 알레고리와 아이러니 등을 대입하며 생각해보았지만, 그 보다는 이 명제 자체가 하나의 말실수를 겨냥한 것으로 읽는 것이 더 적절하게 보였다. 또 하나는 시집 도처에 배치된 '성적 농담'들의 시적 기능을 생각해 보는 것이다. 단순한 취향의 문제라면 자기 정신의 총화라 할 수 있는 시집에 노출하지는 않았을 것이다. 기타 몇 개의 이유 때문에 이 글의 방향이 결정되었다. 자세한 부분은 작품 독해를 통해 생각해 보고 보다 세세하게 언급할 것이다.

1.

이번 시집에 수록된 이외현 시인의 작품들은 직접적 에피소드를 기술한 것이라고 보이는 작품들을 제외하면 대체로 강한 상징성을 함축한 작품들이 주를 이룬다.

오밤중, 탱자 울타리 넘어 꽃 따러 갔지.
꽃, 따기도 전에 가시에 찔려 아팠지.
해가 없는 밤이면 꽃은 잠을 자지.
달은 오므린 꽃잎에게 속삭였지.
열어 봐
제발, 좀 열어 봐.
꽃은 못 들은 체 고요하기만 하지.
서성이던 달은 눈이 퉁퉁 붓도록 울지.
꽃이 뿌옇게 보일 때까지 혼자 울지.
별들이 슬픈 달을 감싸며 위로하지.
해를 향해 꽃잎 열어 활짝 웃는 꽃 바라보며
낮달은 구름 속에서 또 숨죽여 울지.

칠흑의 밤, 달은 흐린 빛을 내려놓고
산꼭대기에서 꺽, 꺽, 목 놓아 울지.
천 년 동안, 폭포 같이 울었지.

—「달, 실연하다」 전문

사건(이야기)에 앞서 상징(어휘)이 작품을 구성하고 있다. 핵심은 '꽃'을 사이에 둔 '해/달'의 대립이다. 주지의 사실이지만, 상징은 하나로 표상되기 보다는 계열체로 등장한다. 당연한 사실이지만, '낮/밤'의 대립이 그렇고, 달을 훼방하는 장애물로서 '탱자 울타리'나 '구름' 등이 그렇다.

화자는 아무래도 '해'가 아니라 '달'의 존재이다. "오밤중, 탱자 울타리 넘어 꽃 따러갔지"라는 첫 행의 어조에서 뒤이어 등장하는 달을 쉽사리 유추할 수 있기 때문이다. '해'는 '낮, 이성, 질서, 조화, 아폴론적 지혜'를 상징한다. 반면 '달'은 '밤, 감성, 혼돈, 부조화, 디오니소스적 도취'를 상징한다. '꽃'은 온갖 찬사의 대상이라는 것 말고도 보들레르식 이해에 따르면 그 악마적 속성 때문에 시인에게는 곧바로 '언어'로 해석된다. 그런데 화자는 '실연'당했다고 한다. 그래서 '눈이 퉁퉁 붓도록' 운다. 사족이지만 '칠흑의 밤'은 사실, '달'의 고귀성, 영원성을 더욱 빛나게 하는 일반적 장치이다. 어두울수록 더 잘 드러나기 때문이다. 하지만 이 작품에서는 '흐린 빛'이라는 수식에서 알 수 있듯이 이 '칠흑'은 화자의 가는 기대, 즉 꽃의 외면에도 불구하고 밤마다 찾아가 속삭일 수 있는 가능성마저 막아버린 암담한 지경의 표현이다. 그래서 화자는 '산꼭대기'에서 '천 년 동안, 폭포같이 울었'다고 한다.

이 작품은 이외현 시인의 '서시序詩'라 할 수 있다. 서시란 일반적으로 시인의 시관, 시 정신, 시작 태도 등을 작품의 형식을 빌려 밝히는 것인데, '시poetry'를 지향하는 시인의 자세가 명징한 상징을 통해 잘 형상화되어 있기 때문이다.

더불어 이때의 '실연'이란 외부세계, 즉 자아에게 가해지는 부당한 압력과 근거 없는 질시에서 비롯한 것이므로 이는 앞서 언급한 세 가지 불안 중에서 '현실적 불안realistic anxiety'이라 할 수 있다. 이 불안들은 대체로 복합적으로 작용하고, '불안감'이란 정체가 확인되지 않는 상태이므로 더 큰 의미로 확대될 수도 있다.

자아에게 현실적 불안을 야기하는 결정적인 두 요소는 '지각과 기억'이라 할 수 있다. 어느 것이 보다 원초적인가는 문제되지 않는다. 어쩌면 기억의 내용조차 지각되고 인식되어 우리의 뇌에 저장된 것일 뿐이니까.

텅 빈 논 허수아비 위로 싸락싸락 눈이 내렸단다. 아궁이에 묻어 둔 군고구마가 생각나는 날이었지. 허수아비 발목까지 싸락눈은 쌀알쌀알 쌓이고, 부러진 팔은 고드름을 매단 채 단단해

기억」처럼 화자의 유년 기억이었음을 충분히 유추할 수 있는데도 "낯 뜨거운 일이다"와 "까발려지는 순간이다"라는 앞 뒤 구절에 포위돼 사건이 모두 극도로 추상화되는 경우도 있다.

깨어진 계란에서 얇은 막을 타고 흐르는 노른자의 침 사라진 뽀얀 젖가슴 대신 짝짝이 젖가슴의 수평 칼금 배설물을 받아 재채기하는 구멍 막힌 좌변기의 동심원 머릿속의 회로를 보여주는 머리칼 없는 투명한 대머리 골목길에서 개의 딱딱해진 대변을 밟은 발바닥의 오지랖 버려진 빵 봉지가 틀어막고 있는 구멍 난 공원의 벤치 얼굴을 노트삼아 레이저로 꾹꾹 눌러 쓴 점자 일기장 하객으로 간 결혼식에서 배가 나온 신부 드레스의 지퍼 주검을 씻겨 저승 갈 노잣돈으로 살아가는 염장이의 이승.

나는 여기에 살고 있지 않으며
하릴없이 빙판을 쏘다니는 떠돌이.
가끔, 백 년 전에 내가 쓴 글을 해동하여 읽곤 한다.

—「아름다움」 전문

이처럼 '현실적 불안'과 관련하여 '방어기제'의 작용을 생각해 볼 수 있다. 그 중에서 '자기 합리화rationalization'와 '책임부인denial'이 드러난다. 1연의 '이승'은 터무니없는 행위

들로 가득한 아수라장이다. 따라서 시인은 당당하게 '여기에 살고 있지 않'은 '떠돌이'라고 자기를 정의할 수 있다. 그의 일이란 "백 년 전에 내가 쓴 글을 해동하여 읽곤"하는 것뿐이데, 이 글은 앞에 인용한 「달, 실연하다」의 "천 년 동안, 폭포 같이" 운 울음과 짝을 이뤄 '시'에 대한 시인의 인식을 극적으로 암시한다.

이처럼 방어기제가 작동될 때, 「이력서」, 「너는 그 자리에 오지 않았다」, 「숨바꼭질」과 같은 현실의 좌절과 실망들은 '손바닥의 금' 때문으로 환원되고, 시인은 "손 위에서 길을 다시" 물을 수 있게 된다. 다시 말해, 불안은 방어기제를 작동시키고 방어기제들은 자아에게 가해지는 압력을 어느 정도 완화하는 효과를 발휘한다.

2.

불안의 또 다른 유형은 원아에 의해 비롯하는 것으로서 '신경질적 불안'이 있다. 이는 무의식의 영역에서 기원하는 것이므로 의식의 차원에서 언어를 통해 합리적으로 이해하기는 불가능하다. 시인은 이를 '사이코시스psychosis' 연작을 통해 정확하게 보여주고 있다.

불 안에 있으면 불안하다.

불안이 현실 속의 불이 된다.
연기에 질식한 사이렌이 불안하다.
불안을 감지한 코가 비상구를 향한다.
징징거리는 벨소리가 달팽이관을 건드린다.
미끄럼을 타고 심장으로 내려가 쿵쾅쿵쾅 북을 친다.
가을 들녘 벽지에 불씨가 번져 붉은 노을이 진다.
쭈뼛쭈뼛 신경증으로 벼의 낟알이 익어간다.
익은 벼가 고개를 코스모스에 기댄다.
번지는 마스카라에 눈썹이 그을린다.
텅 빈 머리에 불안이 가득하다.
발기한 불안이 고꾸라진다.
불안하지 않으면 불안하다.
다시 불안이 선다.
굳은 두 손을 성글게
벌리며 불안을 안는다.
흰나비가 곱슬머리를 감기며 간지럼을 태운다.
맥 빠진 불안이 불 밖으로 나온다.

재가 된 불안의 무덤에 숯 꽃이 하얗게 핀다.

—「사이코시스·6-프로포폴」 전문

정의상 사이코시스 증상은 "기괴한 행동, 환각, 망상, 부

적절하고 불안한 정서, 현실감 저하" 등을 특징으로 한다. 이 8편의 연작은 각기 '꽃분이', '형상기억합금', '몽유하다', '비밀의 방', '도플갱어', '프로포폴', '놈모', '타투' 등의 부제가 붙어 있다. 이들 작품들 간에는 직접적인 연관성이 전혀 없고, 일반적으로 부제가 수행하는 방식의 설명이나 부가되는 정보도 없다. 어쩌면 「사이코시스·7-놈모」의 마지막 연, "반인반어인 놈모에 대한 뜨거운 논쟁의 결과, 놈모는 외계인이다. 고대문명연구가, 천문학자의 말이다. 놈모는 하나님이다. 개신교 목사, 로마교황의 말이다. 놈모는 놈모다. 철학자, 스님의 말이다. 놈모는 나다. 사이코의 말이다." 처럼 각자 읽고 싶은 대로 읽고 믿은 싶은 만큼 믿으라는 시인의 완곡한 주문인지도 모르겠다.

그럼에도 불구하고 앞의 인용 작품은 이번 시집과 관련하여 몇 가지 생각해 볼 점을 내포하고 있다. 먼저 1연 "불안에 있으면 분안하다"처럼 '불 안/분안'의 일종의 언어유희가 보인다는 점이다. 몇 가지 사례를 더 살펴보면, "누 안에는 누가 살까"(「누가 왔다」), "내일은 답이 없는 내 일 때문에 슬플 걸./모레도 별 수 없이 성난 파도를 맞고 슬프겠지./글피는 당연히 시가 써지지 않아 슬플 거야."(「슬플 예정이다」) 등이 있다. 이런 수법은 언어유희 중에서도 해자解字에 가까운데 이 경우는 하나의 개념을 전혀 비유적이지 않은 관계, 즉 유사성이나 상사성 등과 무관하게 결합하는 것을 말한다. 이런 전략은 기본적으로는 대상이 되는 개념을 분해함으로써 그 중요성이나 가치를 폄훼하는 것인데, 결국 그 개념의 압박으로부터 벗어나고자 하는 시도이다.

인용 작품의 경우, '불안'이라는 어쩌면 시집의 중심 개념일지도 모르는 어휘를 '불 안'으로 해체함으로써 "맥 빠진 불안이 불 밖으로 나온다"는 결론을 겨냥한 것이다. 이렇게 하는 이유는 최소한 시인에게는 "불안이 현실 속의 불"이 되기 때문이다. 다시 말해, 정체확인이 불가능한 신경질적 불안을 현실의 '불 안'으로 끌어들여 그 무의식적 압력을 완화하거나 회피하려는 고도의 전략인 것이다.

주지의 사실이지만, 문학은 정신증, 혹은 신경증 자체보다는 히스테리나 노이로제 같은 심리적 기제의 작동에 더 민감하다. 왜냐하면 이렇게 의식의 수면 위로 자꾸 떠오르는 무의식의 압력을 '전이나 승화'의 방식으로 창작의 원동력으로 삼으려는 목적이 더욱 뚜렷하기 때문이다.

> 사랑한다. 전, 아니에요.
> (그럼, 내 사랑은 어쩌나)
> 사랑은 보채는 것이 아니라
> 잔잔히 바라봐주는 거예요.

사랑은 말이죠. 사탕을 입에 물고 이리저리 굴려보고 빨고 깨물며, 혀의 달달한 여운이 말없이 심장에 스미는 거예요.

사탕의 달달함이 온몸으로 젖어들어
사랑과 사탕의 경계가 없어지는 거예요.

(옳거니)
그럼, 우리 이제부터 사탕 먹자.

—「사탕학 개론」 전문

이번 시집을 통해 최소한으로 드러난 이외현 시인의 시적 특질은 해학적 기질을 바탕으로 현대시의 여러 의장儀狀들을 의미 위에 덧입힐 수 있는 충분한 능력을 가졌다는 것이다. 그것이 오랜 훈련의 결과인지, 기질의 자연스러운 발현인지는 중요하지 않다. 해석 내지는 해독의 어려움(사실은 생경함이라 해야 옳을 것이다) 때문에 좀 곤란을 겪게 되더라도 현대시, 특히 한국 현대시에 꼭 필요한 자질임은 믿어 의심할 필요가 없다.

사랑에 관한 시적 인식, 아니 그저 지나가는 담론이라 할지라도 그것을 '사탕학'으로 치환할 수 있는 능력은 남다르다. 사실 시인은 "사랑은 말이죠…, 혀의 달달한 여운이 말없이 심장에 스미는 거"라는 나름의 자기 정의 가지고